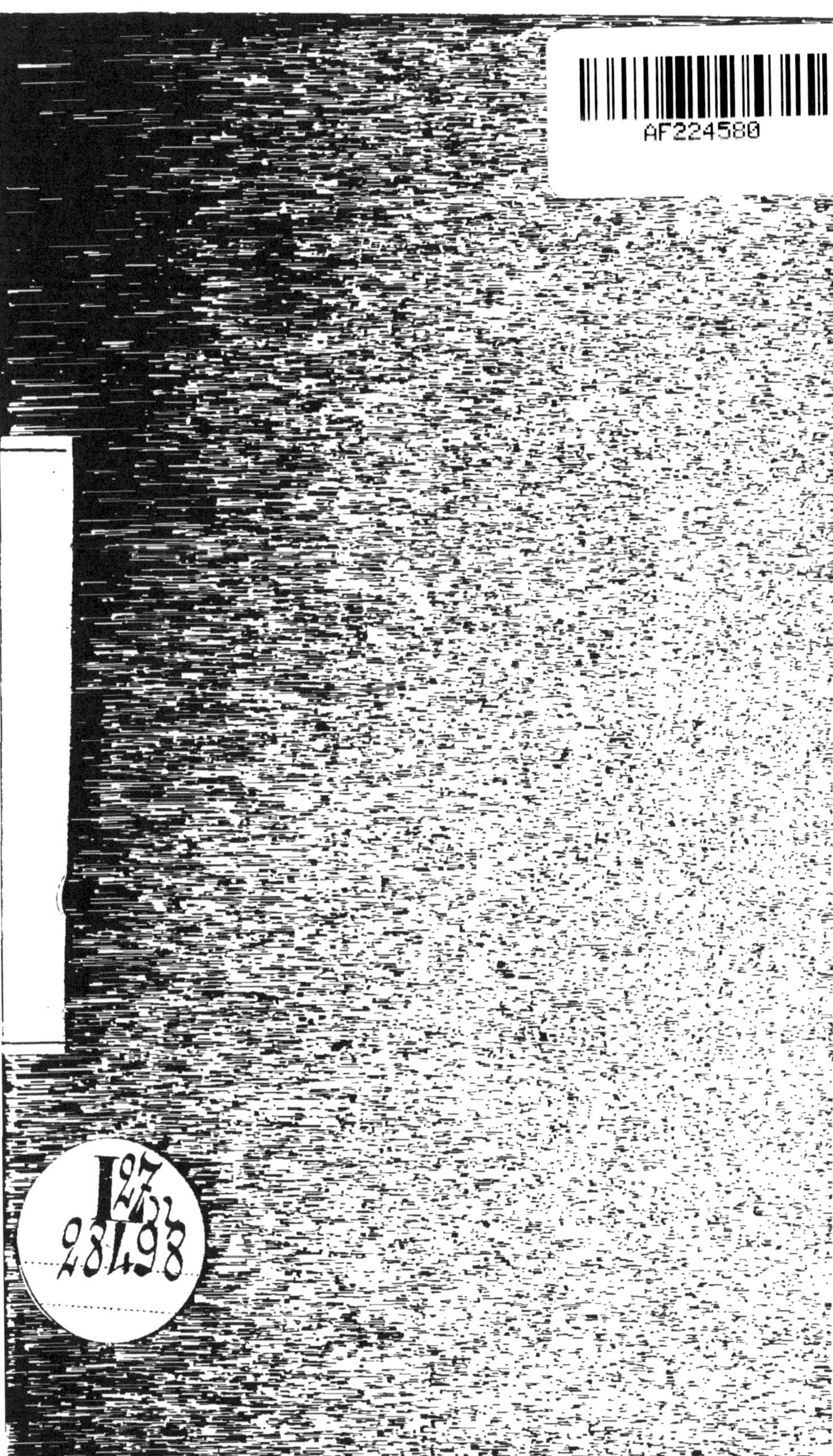

M. HAMON

CURÉ DE SAINT-SULPICE

Prix : 20 centimes.

PARIS

CHEZ L'AUTEUR

18, rue Hautefeuille, 18.

1871

M. HAMON

CURÉ DE SAINT-SULPICE.

—————

I

L'année qui s'achève tiendra une large et douloureuse place dans la nécrologie de l'Église de Paris : trois chefs d'ordres, le Père Levasseur, supérieur général des Pères de la Miséricorde, le Frère Philippe, supérieur général des Frères des Écoles chrétiennes, le Père Étienne, supérieur général des Lazaristes, ont été successivement enlevés à leurs familles religieuses et aux œuvres de zèle et d'éducation qu'ils animaient du souffle puissant de leur charité, et qu'ils dirigeaient avec autant de talent que de sagesse. La supérieure générale du Sacré-Cœur, celle des sœurs de Charité, ont été appelées à aller recevoir la récompense promise aux fidèles et laborieux ouvriers du Père de Famille. Plusieurs ecclésiastiques bien connus par leur vertu et leur infatigable dévouement aux intérêts du pauvre, notamment le vénérable M. Morisot, curé de Notre-Dame, ont également disparu de la scène religieuse, où ils occupaient une si grande et si légitime place.

A ces deuils auxquels s'est si spontanément associée la population parisienne, vient de s'ajouter une perte nouvelle qui sera vivement sentie dans une de nos plus importantes paroisses. M. l'abbé Hamon, le père, le pasteur, l'ami par excellence de ses paroissiens, et plus particulièrement de tous ceux qui souffraient, a été enlevé hier, 16 décembre 1874, aux nombreux indigents que soulageait sa main libérale et toujours ouverte, aux enfants des classes laborieuses dont l'éducation était une de ses plus constantes préoccupations (1); à la paroisse qui n'a jamais eu d'administrateur plus intelligent, plus actif, plus dévoué; en un mot, aux Œuvres de toutes sortes qu'il a fondées,

(1) Nous citerons en particulier l'importante école des frères de la rue de l'Ouest fondée et en partie soutenue par les libéralités et les soins de M. Hamon.

vivifiées, et qu'il soutenait avec un rare bonheur.

Né au Mans, en 1795, M. Hamon, entré fort jeune dans les Ordres, y apporta ce sentiment élevé de la dignité du Sacerdoce, cette humilité profonde, cette abnégation généreuse et constante, qui sont la base de toute vertu sacerdotale. Doué d'une de ces natures énergiques et persévérantes auxquelles rien ne semble impossible dans le bien, M. Hamon ne reculait devant aucun travail, devant aucune difficulté, quand il s'agissait du salut des âmes ou du soulagement des corps par les merveilles de la bienfaisance chrétienne.

Savant théologien, penseur et écrivain distingué, prédicateur de mérite, il possédait le rare talent de faire marcher de front les travaux sédentaires de l'homme d'étude avec l'activité infatigable de l'homme d'action.

Ordonné prêtre à Saint-Sulpice, où il devait exercer avec tant d'éclat le ministère pastoral, M. Hamon débuta par le professorat, et fut tour à tour supérieur du grand séminaire de Clermont-Ferrand et de celui de Bordeaux, où il a laissé les meilleurs souvenirs.

Peu de vies ont été aussi bien et aussi longuement remplies que la sienne. « *Ouvrier de la première heure,* » on l'a vu toujours debout dans le champ du Seigneur, travailler jusqu'à ses derniers jours.

Jusqu'au moment où il s'est alité, et, bien que succombant presque sous le coup d'une maladie douloureuse et dès longtemps réputée incurable, le vénérable vieillard montait encore à l'autel, et, de ses mains tremblantes, distribuait la communion à ses paroissiens, édifiés et émus de la douce et courageuse résignation, nous dirions volontiers de la béatitude anticipée répandue sur ses traits, que marquait déjà le sceau de la mort.

II

D'autres raconteront dans tous ses détails cette vie laborieuse et si bien remplie ; d'autres énuméreront les travaux et les œuvres accumulés par cette main habile et diligente ; nous n'avons ici pour mission que d'apporter un immédiat et rapide hommage — et cela avant que ses restes mortels nous aient été enlevés — à celui que nous pleurons et que tout un grand quartier de Paris pleure avec nous.

Né au moment où la religion n'était pas encore sortie de la période de persécution où l'avait plongée la tourmente révolutionnaire, M. Hamon trouvait dans ses souvenirs d'enfance un singulier mélange de douloureuse tristesse causée par les maux de l'Église, et de fierté patriotique due aux bulletins des victoires qui, avec le catéchisme et la vie des saints épelés sur les genoux de sa mère, avaient été ses premières lectures.

De là ce double sentiment, ou plutôt ce culte qui s'est partagé sa vie : la religion et la France.

De là aussi la profonde douleur qui a frappé le déclin de sa vie. Dans les rangs de ce vaillant clergé que la France a admiré si ardent à sa défense, si dévoué à son honneur, si sensible à ses défaites, nul, en effet, ne s'est montré plus actif, plus zélé, plus profondément touché de nos désastres, à ce point qu'il est permis de dire que M. Hamon, jusque-là si énergique dans toutes les épreuves de la vie, s'est trouvé impuissant à réagir contre les angoisses apportées à la France par la dernière guerre.

Le coup qui l'a frappé alors l'a conduit au tombeau.

Fidèle à son poste pendant le siége, dont malgré son âge il a supporté personnellement les privations et les inquiétudes sans faiblir un seul instant, on l'a vu se multiplier sans cesse pour secourir les misères croissantes qui l'entouraient.

Accoutumé de longue date à servir d'intermédiaire entre le pauvre et le riche, entre ceux qui luttent péniblement contre les difficultés de la vie et ceux qu'on appelle les heureux du siècle, il contribua grandement lorsqu'il n'en prit pas lui-même l'initiative, à ce redoublement de charité, à cet ensemble d'aide mutuelle qui ont été une des consolations et une des gloires de Paris assiégé et qui, sur aucun autre point, n'ont resplendi avec plus d'éclat que dans le sixième arrondissement.

Toutefois, en ces temps terribles, une pensée dominante semble guider dans des voies spéciales l'intelligente charité de M. Hamon. Encourager, soutenir, consoler les familles dont quelques membres exposent leur vie sous s nos drapeaux, devient l'œuvre priviligiée du vénérable pasteur.

Qui dira les héroïques dévouements suscités, dirigés par lui ! Qui dira les généreux sacrifices accomplis par des mères qui, à sa voix, imposant silence à leurs craintes, ont de leurs propres mains armé leurs fils pour les envoyer aux remparts !... Qui dira combien de faibles femmes ont trouvé en l'écoutant la volonté et la force de courir au secours des blessés !... Combien d'autres ont vidé entre ses mains non-seulement toute la réserve destinée aux pauvres, mais encore une partie du nécessaire de la famille !

Malheureusement la charité de M. Hamon était si attentive et si ingénieuse à laisser dans l'ombre ses bonnes actions qu'en retrouver, en réunir l'ensemble est impossible. La trace en est partout, la preuve et le détail nulle part.

On sait qu'il faisait incessamment le bien; on voyait et on voit encore resplendir de toute part les effets de son zèle charitable, mais la main qui agissait se montrait si peu, les âmes d'élite que cette main choisissait pour intermédiaires étaient si discrètes, tout ce qui se faisait d'ailleurs était fait avec une simplicité si éminemment chrétienne, que la trame sur laquelle, si l'on peut ainsi parler, s'est brodé jour par jour le merveilleux tissu de cette vie vraiment pastorale, jour par jour aussi disparaissait aux regards des hommes.

Dieu seul et ses anges en ont conservé le mémorial.

III

Mais si la guerre avec ses tristes péripéties laissa au cœur de M. Hamon une blessure inguérissable, que dire de ce qu'il dut ressentir pendant la Commune !

Entouré de son clergé, comme lui demeuré fidèle à son poste, le pieux et courageux pasteur traversa dans une tranquillité relative les plus mauvais jours de cette douloureuse période.

Protégé par la puissance de sa charité, qui établissait comme un solide rempart autour du presbytère et de l'église, mis d'ailleurs à l'abri de toute préoccupation personnelle par son courage et son dévouement, M. Hamon dut au prestige qui environnait son nom, plus encore qu'à l'excellent esprit des habitants de sa paroisse, de traverser l'épreuve sans être inquiété.

Menacé, il est vrai, dans une de ses œuvres les plus chères, il vit la communauté des frères de la rue de Fleurus envahie par les fédérés, qui prétendaient enrôler les jeunes frères dans leurs bataillons de combat; pendant une cruelle journée et une longue nuit il trembla, pour ces chers auxiliaires dans la mission importante entre toutes de l'enseignement chrétien. Ses veilles douloureuses et ses prières ferventes ne furent pas vaines. Heureusement inspirés, les jeunes frères de la rue de Fleurus organisèrent à l'insu, non-seulement de leur vénéré pasteur mais même de leur bien-aimé directeur qu'ils ne voulaient pas compromettre, un saint complot. Quand l'aube parut, ils étaient à l'abri de toute contrainte et de tout péril (1).

Mais sur tous les points de la vaste capitale, les Frères n'avaient pas tous le même bonheur; trente d'entre eux étaient retenus

(1) On sait comment les frères de la rue de Fleurus, menacés de la conscription communarde, y échappèrent en s'évadant par les fenêtres de leur maison qui donnent rue Jean-Bart, et cela en dépit de l'escouade de fédérés installés pour les surveiller dans la maison et même placés en faction dans la rue.

à Mazas, beaucoup d'autres avaient fui ; religieux et religieuses étaient chassés des écoles dont les crucifix étaient enlevés et les livres chrétiens proscrits...

La persécution ne s'arrête pas là. Plusieurs des collègues de M. Hamon sont enlevés à leur troupeau, le premier pasteur du diocèse est retenu en otage, d'éminents religieux partagent ce dangereux honneur. Le jour vient enfin, jour de sanglant vertige, où dans ce Paris, fécondé il y a quinze siècles par le sang des martyrs, le sang chrétien et sacerdotal coule de nouveau, versé cette fois par des mains chrétiennes et françaises !

Quelles angoisses pour un cœur comme celui de M. Hamon !

La guerre et la Commune ont fait bien d'autres victimes que celles qui sont restées sur les champs de bataille ou qui n'ont pu résister aux privations et aux fatigues. Ces victimes, qui ont survécu pour la plupart aux souffrances morales qui les ont frappées, s'en vont une à une sans qu'on s'inquiète assez d'honorer en elles le mobile chrétien et français auquel elles succombent.

IV

Au xviiiᵉ siècle, un Français, Pierre de Béthencourt, frère de l'ordre de Saint-François, étant à Guatimala, ville et province de l'Amérique espagnole, fut touché du sort des esclaves, qui n'avaient aucun refuge pendant leurs maladies.

Ayant obtenu, à titre d'aumône, le don d'une pauvre maison, où il tenait auparavant une école pour les enfants pauvres, il y ajouta lui-même une espèce d'infirmerie qu'il couvrit de paille, dans le dessein d'y retirer les nègres qui manquaient d'abri et de soins.

Il ne tarda pas à rencontrer une pauvre négresse estropiée, abandonnée par ses maîtres, et dont tous ceux qui la voyaient s'éloignaient avec indifférence et dédain. Le saint religieux s'approche de la pauvre délaissée, il l'exhorte, la console et, la chargeant sur ses épaules, il reprend, tout glorieux de son fardeau, le chemin de la misérable cabane qu'il appelle son hôpital.

A partir de ce moment, on le voit parcourir les alentours, et, mendiant sublime, solliciter ce qui est nécessaire non-seulement à la subsistance, mais au soulagement de sa pauvre pensionnaire. Celle-ci, il est vrai, ne jouit pas longtemps du secours inespéré que lui avait prêté Pierre de Béthencourt, dont la patiente et active charité ne put la rendre à la santé; mais en répandant ses dernières larmes, la mourante bénit son pieux gardien et lui promit les récompenses célestes, lesquelles ne lui firent pas défaut.

Dieu permit en effet que plusieurs familles riches s'intéressèrent à l'œuvre du fils de Saint-François, de telle sorte que la cabane de la pauvre négresse se transforma rapidement en un magnifique hôpital.

Encore la fondation de Pierre de Béthencourt ne se borna-t-elle pas à ce premier succès. Comme la plante magnifique qui sort de la graine de sénevé, sortit de ces commencements si humbles un ordre hospitalier qui, sous le nom de Bethlémite, couvrit bientôt l'Amérique d'hôpitaux et de maisons de refuge.

Quand Pierre de Béthencourt, « dont l'amour de l'humanité avait consumé le cœur, » mourut, les pauvres et les esclaves, dont il était le père et le bienfaiteur, se précipitèrent à l'hôpital pour contempler une dernière fois celui qui les avait tant aimés. Ils baisaient ses pieds, ils coupaient des morceaux de ses habits; « il l'eussent même déchiré pour emporter quelque relique de son corps, si on n'eût mis des gardes à son cercueil. On eût cru que c'était un tyran qu'on défendait contre la haine de ses peuples, et c'était un pauvre moine qu'on dérobait à leur amour. »

Il y a dans ce récit — aux différences près de temps et de mœurs, — une analogie si frappante avec une des fondations de M. Hamon, — sa fondation principale, oserons-nous dire, celle qui fera le plus sûrement passer son nom à la postérité et rendra son souvenir légendaire — que nous n'hésitons pas à le rattacher à cette courte notice.

Comme l'œuvre de Pierre de Béthencourt, l'ordre des Petites Sœurs des pauvres a pris naissance dans un cœur pénétré du sentiment de la charité évangélique. Or, si ce cœur n'est pas, à vrai dire, celui de M. Hamon, si c'est une sainte femme, qui, la première, a eu l'ingénieuse ambition de faire le bien sans rien posséder elle-même, de fonder un refuge pour la vieillesse abandonnée, sans avoir elle-même un toit à elle pour abriter sa tête, c'est du moins au vénérable pasteur qu'elle a consulté, qui l'a guidée, qui s'est en quelque sorte identifié à sa pensée, qu'elle a dû le succès de cette pensée.

Ici encore la graine de sénevé a rapidement germé et fourni des rameaux vigoureux.

Les Petites Sœurs des pauvres comptent des centaines, des milliers de pensionnaires répartis dans des maisons déjà nombreuses. Sous cette nouvelle forme de la charité, forme merveilleusement appropriée aux besoins et aux mœurs de notre temps, le bien se fait sur une vaste échelle, laquelle s'élèvera et s'étendra encore.

Béni et glorifié soit l'homme de cœur et d'intelligence à qui le peuple doit ce bienfait!

V

Nouveau Vincent de Paul pour sa paroisse, M. Hamon a dû se servir, pour réaliser ses plans, des mêmes moyens qui ont permis à l'illustre apôtre de la charité de doter le monde des œuvres qui perpétuent sa mémoire.

Les femmes pieuses ont été naturellement

ses coadjutrices ; c'est grâce à leurs libéralités et souvent par leurs mains que se répandaient les aumônes du vénérable curé, que se consolidaient ses fondations et ses œuvres paroissiales si multiples.

Rendons ici hommage aux classes élevées, qui rivalisent d'ardeur et de persévérance pour soutenir et développer les œuvres chrétiennes.

Rien ne leur coûte : ni sacrifices pécuniaires, ni sacrifices de temps, ni abandon de toutes leurs habitudes de bien-être et d'élégance, quand il s'agit de soulager l'infortune, de secourir la souffrance. Nous connaissons telles femmes, que nous n'oserions nommer de peur de froisser leur humble modestie, qui, occupant une position distinguée dans le monde où elles sont faites pour briller par leur esprit, par leurs talents, voire même par leur jeunesse et leur beauté, dédaignent les avantages du rang, les triomphes de l'intelligence et les plaisirs mondains, pour consacrer au soin des pauvres, au patronage de la jeunesse, tout le temps que ne réclament pas les devoirs de la famille.

Groupées sous la direction de M. Hamon,

1.

quelques-unes de ces femmes rivalisent de zèle; on les voit dans les œuvres de patronage surtout s'honorer de partager les soins les plus vulgaires avec les bonnes religieuses qui s'y dévouent.

Les œuvres de charité ! voilà le beau côté de notre histoire contemporaine, voilà le diadème de gloire que la religion met au front de ces nobles femmes, qui, vivant dans le monde et en remplissant toutes les obligations, même celles qui les placent en certains moments sous le joug d'une mondanité presque frivole, trouvent dans les instincts de leur cœur et dans les inspirations de la foi le temps et le moyen de se créer, au milieu des entraînements de la vie élégante, assez d'heures sérieuses pour tendre une main amie et bienveillante à ces pauvres jeunes filles, que des entraînements d'un autre genre conduiraient si aisément à l'abîme, sans cette solidarité d'amour et de protection qui est le propre du christianisme.

VI

« Savant théologien, penseur et écrivain distingué, prédicateur de mérite, » disions-nous tout à l'heure en parlant de M. Hamon.

Les œuvres considérables sorties de sa plume attestent la vérité de cette assertion : la science théologique et les qualités de l'écrivain se montrent notamment dans les *Méditations*, dans *la vie de Mgr de Cheverus*, dans *celle de saint François de Sales*, que tous les lecteurs sérieux ont lues et appréciées.

Si pleine justice est généralement rendue sous ce rapport à l'éminent curé de Saint-Sulpice, il n'en est pas de même sous le rapport du talent oratoire.

M. Hamon était avant toutes choses pasteur des âmes; ses fonctions curiales primaient pour lui toutes autres tendances de son esprit, aussi le voit-on presque uniquement adonné au genre d'éloquence qui est essentiellement propre au gouvernement des âmes : le prône simple, familier, où le cœur déborde, afin de faire passer dans les cœurs qui l'écoutent les sentiments dont il est pénétré, tel était le genre oratoire qu'il avait choisi et dans lequel il excellait.

En l'écoutant, on se sentait ému, pénétré, mais peut-être était-on porté à juger qu'il y avait trop de naïveté dans la pensée, trop de simplicité dans l'expression. On sentait que cette parole amie faisait du bien, on la désirait, on la goûtait ; mais était-ce là de l'éloquence..... ?

Peut-être le sentiment général eût-il résolu négativement la question si des circonstances, de nature à mettre en évidence « la lumière » que l'humble prêtre s'efforçait de « tenir cachée sous le boisseau, » n'eussent révélé en lui un orateur de premier ordre.

Parmi ces circonstances, nous rappellerons les funérailles d'Augustin Thierry. La vaste nef de Saint-Sulpice était remplie de l'élite du monde savant et littéraire ; toutes nos illustrations s'y étaient donné rendez-vous pour rendre un dernier hommage à l'éminent écrivain auquel la France doit de connaître la véritable histoire des premiers siècles de notre antique monarchie.

Il fallait évidemment un tact tout particulier pour parler à cet auditoire si élevé au point de vue intellectuel, mais d'opinions si divergentes en matière de religion et de philosophie, un langage qui, franchement chrétien, ne blessât personne, en restant toujours à la hauteur de la situation et du sujet. — M. Hamon se chargea de cette tâche délicate, et la manière dont il s'en acquitta eût suffi à le placer au nombre de nos grands orateurs, si déjà en plusieurs occasions du même genre il n'eût montré ce dont il serait capable dans la chaire de vérité, si par goût et par devoir il n'eût préféré y faire entendre la parole familière qui convient à un père s'adressant à ses enfants.

VII

Ainsi que nous le disions, ferme sur la brèche, où l'Église l'avait placé pour soutenir sa cause, défendre ses intérêts et dispenser ses miséricordes, M. Hamon n'a cessé ses fonctions pastorales que quelques semaines avant sa fin.

Bien que déjà ralentis par la violence du mal, son activité et son zèle n'ont pu être entièrement domptés que par les approches de la mort.

Il était alité depuis quelques jours, lorsque, le jeudi 29 octobre, il demanda qu'on lui administrât les derniers sacrements ; il les reçut au milieu de la communauté de Saint-Sulpice réunie tout en larmes autour de son lit.

Quoique déjà très-faible, il adressa une exhortation touchante aux assistants, et leur fit ses adieux en larmes, qu'aucun d'eux n'oubliera.

A dater de ce moment, il alla toujours en déclinant, et plusieurs fois le bruit de sa mort circula à Paris. Mais au milieu même de son accablement, de sa faiblesse croissante, la pensée de sa chère paroisse ne l'abandonna pas un instant. Il sortait de la torpeur, qui l'envahissait par degré, pour s'informer de tels ou tels détails qui se présentaient à sa mémoire; pour donner certains avis, certaines directions, s'inquiétant de ses pauvres, de ses écoles, de ses œuvres. En un mot, il vivait encore par le cœur alors que tout semblait éteint en lui.

Sa préoccupation la plus persistante fut le danger qui menace la solennité du culte à Saint-Sulpice.

On sait que parmi les paroisses de Paris Saint-Sulpice tient le premier rang comme perfection du chant religieux, exactitude et solennité des cérémonies. Elle a, la première à Paris, adopté la liturgie romaine et c'est un des titres de M. Hamon, que nous ne devons pas passer sous silence.

Or, il paraît que les ressources de la Fabrique ont, en ces derniers temps, diminué de manière à compromettre, dans un avenir prochain, cette pompe des cérémonies qui est un hommage rendu au Souverain Créateur de l'univers, une précieuse tradition du symbolisme et de l'art chrétien, en même temps qu'un moyen puissant de parler à l'esprit et au cœur et de les tenir élevés vers les choses du Ciel.

Ce danger, auquel l'influence et les efforts de M. Hamon ont jusqu'ici paré, a été néanmoins une des sérieuses inquiétudes de la fin de sa vie, et c'est sur les moyens d'y faire face que se sont portées surtout ses dernières recommandations à son clergé, son dernier appel à ses paroissiens, ses dernières prières à Dieu.

Paris. Typ. A. PARENT, rue Monsieur-le-Prince, 31.

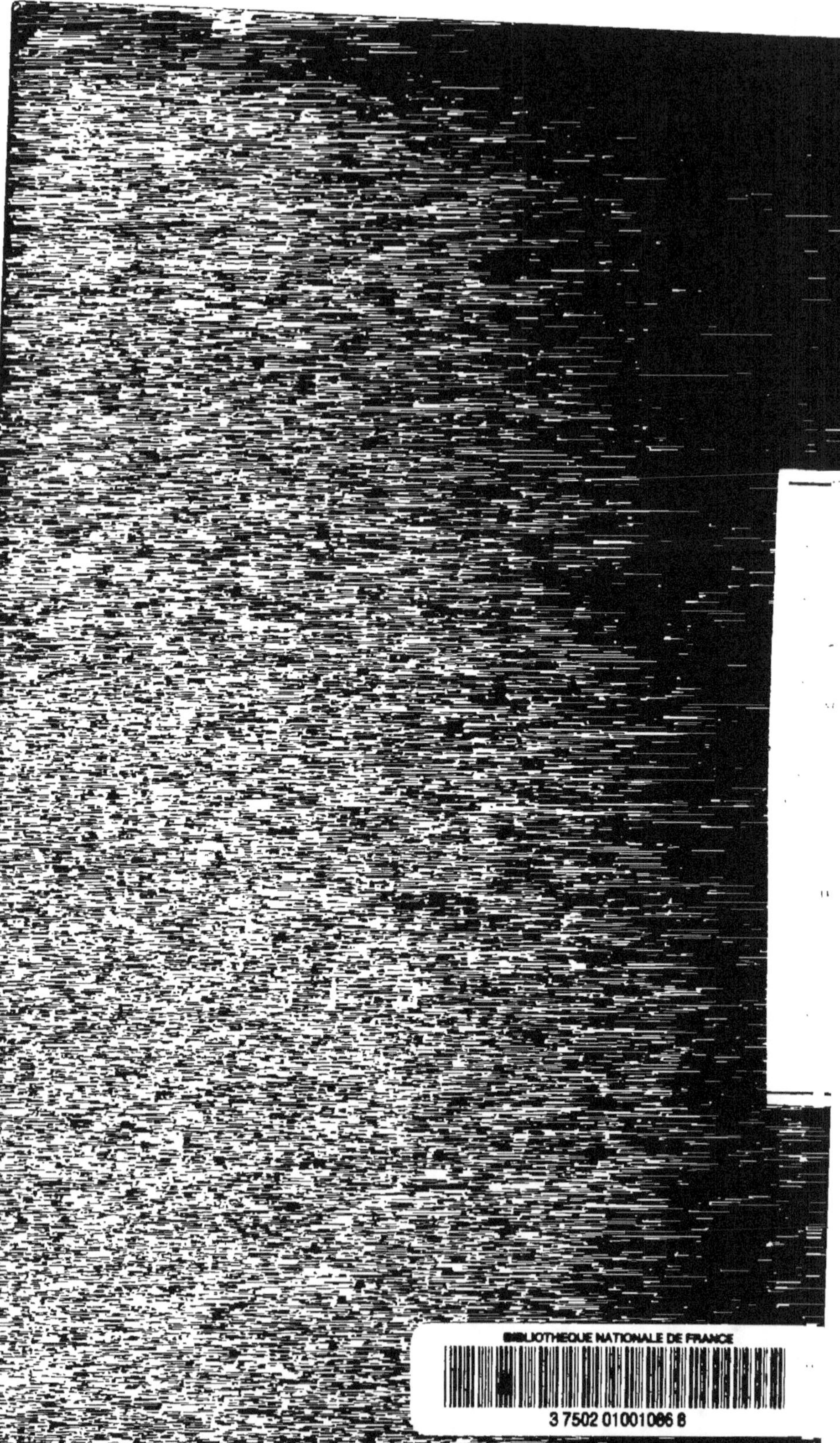